A PEDRA DE DAVI

Editora Appris Ltda.
1.ª Edição - Copyright© 2025 dos autores

Catalogação na Fonte
Elaborado por: Dayanne Leal Souza
Bibliotecária CRB 9/2162

	Castro, Jorge
C355p 2025	A pedra de Davi / Jorge Castro. – 1. ed. – Curitiba: Appris, 2025. 82 p. ; 21 cm.
	ISBN 978-65-250-8197-7
	1. Fé. 2. Esperança. 3. Reflexão. I. Castro, Jorge. II. Título.
	CDD – 234.2

Appris editorial

Editora e Livraria Appris Ltda.
Av. Manoel Ribas, 2265 – Mercês
Curitiba/PR – CEP: 80810-002
Tel. (41) 3156 - 4731
www.editoraappris.com.br

Printed in Brazil
Impresso no Brasil

Jorge Castro

A PEDRA DE DAVI

artêra
editorial

Curitiba, PR
2025

FICHA TÉCNICA

EDITORIAL	Augusto V. de A. Coelho Sara C. de Andrade Coelho
COMITÊ EDITORIAL	Ana El Achkar (Universo/RJ) Andréa Barbosa Gouveia (UFPR) Jacques de Lima Ferreira (UNOESC) Marília Andrade Torales Campos (UFPR) Patrícia L. Torres (PUCPR) Roberta Ecleide Kelly (NEPE) Toni Reis (UP)
CONSULTORES	Luiz Carlos Oliveira Maria Tereza R. Pahl Marli C. de Andrade
SUPERVISORA EDITORIAL	Renata C. Lopes
PRODUÇÃO EDITORIAL	Maria Eduarda Pereira Paiz
REVISÃO	Katine Walmrath
DIAGRAMAÇÃO	Zeid&ditorial
CAPA	Eneo Lage
REVISÃO DE PROVA	Colméia Studios

Bendito aquele que semeia livros e faz o povo pensar.

(Castro Alves)

APRESENTAÇÃO

Este livro trata das dificuldades que enfrentamos na busca de nos compreendermos melhor e de tentarmos viver num mundo tão cruel e sem sentimento.

Trata também das tentativas de vencer o medo que está na nossa mente, não nos deixando exercer por completo o que gostaríamos de fazer, pois parece que vivemos em dois mundos: o que realmente queremos que seja e o que é na realidade...

Usar a pedra de Davi que derrotou o gigante é um artifício para dizer que precisamos tomar uma atitude, e acho que quem ler o livro na esperança de que eu vá relatar passagens bíblicas sobre a vida de Davi irá se decepcionar, apesar de achar essa passagem maravilhosa, porque Davi tinha uma confiança extrema e estava totalmente preparado para o que estava por acontecer.

Davi decidiu enfrentar a questão, não se recusou e nem recuou da sua jornada!

Quantas pessoas hoje precisam sair de dentro de si mesmas e encarar não apenas os seus problemas, mas também lutar bravamente para tentar e conseguir vencer os desafios. O gigante só caiu porque a pedra acertou um ponto frágil, e será que você que está lendo não precisa rever seu ponto frágil que está fazendo com que você não vença as disputas com a sua realidade?

Refletir e tentar olhar a verdade sobre si mesmo é abrir um espaço para se conhecer melhor, e aí, sim, encarar as questões que te amedrontam e derrubá-las ao chão. Nossas inseguranças precisam ser vencidas pela nossa coragem de enfrentar as adversidades; se não agirmos assim, iremos nos acostumar que a vida é assim mesmo e que não podemos fazer nada.

Conseguimos, sim!

Precisamos repensar os vícios, a violência, o orgulho, a vaidade, porque estes são os verdadeiros gigantes que temos que vencer...

PREFÁCIO

O autor J.C consegue, por meio de uma espiritualidade expressiva e sua profunda sensibilidade, descrever com palavras sentimentos que nos estimulam a refletir e nos motivam a jamais desistir, por pior que seja o momento que estivermos passando.

Este livro é um convite irrecusável para mergulharmos dentro de nós mesmos, mas não de forma superficial, e sim de uma maneira profunda, a ponto de criarmos uma conexão jamais sentida e enfrentarmos cara a cara os nossos medos mais assustadores.

Ele nos mostra de jeito simples como devemos encarar e enfrentar nossos medos interiores, sem deixar que nos percamos no caminho de desesperança e do desânimo.

Ensina-nos que, por meio da Fé e da Esperança, nada se torna tão assustador que não possamos suportar e nem tão intenso que não consigamos superar, seja o que for, nossas dores, tristezas, provações, tribulações e adversidades!

A pedra de Davi nos faz compreender de forma clara que nunca será sobre quem ou o que nos fez mal, mas sim como reagiremos e o que faremos com isso.

Um pensamento, um comportamento, uma atitude diferente e positiva, pode mudar e transformar nossas vidas.

Nossa luta nunca será contra o outro, mas sim constante e diariamente de nós com nós mesmos.

O poder da transformação e o encontro da Paz, junto com o equilíbrio que tanto almejamos, depende única e exclusivamente de nós.

Boa leitura!

Vanessa Peguim

SUMÁRIO

Introdução....13
Colheita do suor....14
Nova chance....19
Meros....22
Veio d'água....26
A pedra....29
Novo despertar....33
Através delas....35
A iniciativa....37
O caminho....42
Vejo-te por aí....47
Solo fértil....50
Ao amanhecer....54
Material reciclado....58
Constante....60
Contemplar....62
Dói saber....66
Um dia....68
Contato imediato....71
Sonhos de reconstrução....74
Só ida....76
Seja....78
Enfim....79

Introdução

Às vezes, na vida, os sonhos ficam sufocados por tempo demais em nossas memórias e sentimentos, e ficamos com tanta dúvida sobre o que sentimos com tanta intensidade que desconhecemos quem verdadeiramente somos.

Estamos tão preocupados com as coisas que temos que fazer para sobreviver que vamos deixando cada vez mais longe os simples e belos desejos de sermos alguém original, quer dizer, realizar os escondidos sentimentos e ideias que já estão conosco há muito tempo, mas que precisam vir para fora e respirar o mesmo ar.

Já está na hora de viver o que sentimos, pôr à prova os sentidos que nos embargaram tantas vezes, fazendo com que perdêssemos o elo com a realidade, tirar o coelho da cartola das lembranças e fazê-lo correr nos campos verdejantes da nossa intuição...

Sei que a partir do momento em que nos expomos, as críticas vêm naturalmente, mas creiam que a minha única intenção é a de me expressar, colocar para fora o que está por dentro, pois acredito que só assim poderemos viver em um mundo mais humano, já que cultivar bons sentimentos é o remédio para o alívio das dores...

Colheita do suor

O Mundo não está preparado para entender o poder de algo novo que vence os obstáculos antes intransponíveis, sem que seja necessário utilizar meios tecnológicos avançados. Os pensamentos são pedras atiradas, ou flores arremessadas em vias aéreas, onde as intenções, os sentimentos, as palavras, as visões seguem as ondas telepáticas na direção do que realmente desejamos que seja, e não tenhamos dúvidas de que o tamanho dos obstáculos será de acordo com o que pensarmos que eles sejam. Pensamentos bons transformam muralhas em atalhos difíceis de serem vencidos, porém não impossíveis, porque a positividade nos traz curtos elétricos sensoriais que estimulam as nossas ideias para buscar soluções onde não víamos mais saída.

Dependendo da fase que estamos em nossa caminhada, os obstáculos podem ter proporções gigantescas, impedindo que a nossa mente escreva a saída de um impasse existencial. E não existe de minha parte uma cegueira infantil de que tudo dará certo e que será fácil passar pelas dificuldades. O que sei é que se não mudarmos as reflexões que temos sobre os fatos que acontecem em nossas vidas, se não entendermos esses fatos quando ocorrem, refletindo sobre por que aconteceram, nunca conseguiremos sair desse labirinto difícil e constante. Sei que saímos do eixo muitas vezes e fazemos muitas besteiras que nos prejudicam, mas se ficarmos nesse transe que nos leva sempre de volta ao mesmo lugar, e não encontrarmos o caminho para pisarmos fora dessa situação que nos desgasta em busca de soluções, não saberemos como resolver este impasse da Vida. A partir do momento em que mudarmos nossa estação reflexiva e começarmos a enxergar um novo caminho, as correntes se quebram e começamos a não cair mais nas armadilhas dos impulsos constantes que amordaçavam as nossas iniciativas. Precisamos tentar para conseguirmos vencer, caso contrário, poderemos ficar muito tempo aprisionados nas conclusões a que já chegamos infinitas vezes, e que não nos levaram a lugar algum. A nossa mente precisa acordar para descobrir o atalho que nos leva ao encontro do Sol da nossa consciência, pois sabemos que a Luz está onde sempre esteve, e somos nós que não conseguimos vê-la, mas no fundo do nosso íntimo sabemos onde ela está. Nossos olhos parecem ver e sentir, mas não se despertam, pois parece que algo nos prende sempre de volta ao mesmo lugar... Já é hora de sacar de dentro do nosso peito a simplicidade e nos agarrar a ela, deixar que nos interpretem até mesmo como tolos, pois tanto faz. O que precisamos é nos tornar raízes, e não apenas areia... Cultivar os bons pensamentos e as boas reflexões sobre as pessoas é um compromisso que nós necessitamos assumir, mesmo com aqueles que achamos que não merecem. Assim nos sentiremos livres para surfarmos em nossas próprias ondas intuitivas. Não devemos nos deixar sermos amarrados pela insensatez que esta vida carrega; precisamos ver o jardim maravilhoso que está na nossa frente, mesmo que joguem um pouco de terra em nosso rosto cansado. Precisamos lavar a nossa alma na água límpida da coragem, para então redescobrirmos que podemos ser muito mais do que achamos que poderíamos ser. Como cumprimentar todas as pessoas e lhes desejar paz, abençoá-las com o que de melhor existe em nossos corações e deixar as mágoas serem vencidas pela pureza de um bom sentimento...

Não é necessário ser padre, bispo, frade, ancião, papa ou pastor para saber que o Amor não tem dono, e que ele apenas se apossa das pessoas que tentam mudar o seu comportamento interno. Acredito que se tirarmos as pedras rudes do nosso caminho e as atirarmos diretamente no gigante que nos amedronta, com os nossos impulsos de vencer, essa atitude, com certeza, nos fará partir em busca de uma nova concepção, de poder compreender melhor as coisas. Somos campos que precisam ser arados, assim como somos estradas que precisam ser pavimentadas, somos águas impuras que precisam de filtros para limpar os pensamentos e os sentimentos que nos fazem sofrer e chorar muito. Eu sei que perdemos o rumo várias vezes, mas a nossa alma precisa ser depurada e decantada para que todos os traços da nossa personalidade nos ajudem na evolução como pessoas. Pai, amigos, mãe, tia, tio, irmão, irmã, avô, avó, gari, milionário, funcionário público, trabalhador ou empresário, não importa, somos pessoas que precisam rever costumes e mudar para o que é verdadeiro em todos nós! A verdade fará com que os nossos conceitos sejam dominados pelo êxtase de sentirmos as palavras internas do nosso coração, e assim procurarmos amar os inimigos, por piores que sejam, pois eles são como os enfermos que mais necessitam da nossa ajuda para terem forças para alcançarem a cura!

Transite pelas vias da emoção que não guarda rancores, seja um missionário ou uma missionária de si mesmo!

A vocação está ao alcance de todos nós, então experimente dar as mãos para si mesmo e exclua os comentários que não condizem com sua índole, o nosso pensar sempre será tocado por um vento que refresca as ideias. Quando o barco vence as tempestades e viaja por vários anos pelos mares e oceanos bravios, a sua estrutura fica curtida nas várias intempéries que surgiram pelo caminho, e assim adquire experiência de não mudar seu curso e não se deixar vencer tão facilmente, porque agora conhece o balanço da dor. O gigante não consegue ver o tamanho do seu oponente, por acreditar em sua própria grandeza, e ele não concebe a possibilidade de que possa ser vencido, o seu excesso de arrogância torna-se um obstáculo e não consegue perceber o que está acontecendo ao seu redor, e um menino dotado de uma grandeza espiritual derrubou-o no chão! O ego impede de vermos a simplicidade e a grandeza do nosso espírito, de notar o que realmente estamos enfrentando e analisar com os olhos da alma é dar um salto na compreensão do nosso redor. Não se esqueça disso, somos todos guerreiros dos nossos males e lutamos contra os impulsos perversos que querem dominar a nossa mente. Todo poço tem um fundo e, certamente, seremos tocados pelos erros que cometemos, mas não podemos esquecer de que a nossa alma pode alcançar a plenitude da oração, isso independe do tamanho do obstáculo! Somos incultos com percepções, e se olharmos para dentro de cada um de nós conseguiremos, com certeza, matar a sede no suspiro da nossa consciência, e assim poderemos descansar no travesseiro tranquilo, com sorrisos internos que comovem o nosso rosto em dobras brandas de instantes de felicidade.

Isso é navegar por vias aéreas!

O resultado de quem deseja paz aos vizinhos que perturbam será a **colheita do suor** de um esforço constante por arar a terra do Espírito!

Nova chance

Somos choros trancados à espera de uma oportunidade para entendermos através do tempo as pedras do caminho, e assim amadurecer nosso peito que sangra lágrimas contidas, pois temos medo do imprevisível, porque mudanças repentinas podem fazer com que enfrentemos o estado em que nos encontramos hoje, mesmo que interiormente exercitemos várias opiniões, para nos tornarmos verdadeiros por fora. Precisamos olhar e conhecer esta força interna que está em nós guardada, esperando nossa coragem para eclodir trazendo as lágrimas que irão comover nosso rosto ao encontro das respostas.

Difíceis são os dias para os que labutam na terra espiritual do entendimento!

O sentimento não pode ser escravizado pela falta de iniciativa que o nosso ego deixa transparecer nos momentos das decisões, a espinha esfria, a fala se cala, o pensamento dispara para um rumo incerto e as palavras que nos ajudariam a achar o norte fogem como um bando de pássaros assustados. Será que fomos acostumados a não termos ações quando nos indignamos com algo?

Será que crescemos assim?

Será que aprendemos a não responder prontamente às questões e deixar as dúvidas em banho-maria para depois de um certo tempo sentirmos em silêncio o sabor do que não foi dito?

Será que nossas ações são incapazes de despertar o nosso subconsciente para destravar a língua e soltar as palavras?

Será que as vogais e as consoantes deixaram de formar palavras?

Parece que as palavras ainda continuam agarradas à nossa boca e esquecemos que somos as chaves que precisam encontrar a porta correta para abrir a passagem que traz Luz ao túnel da nossa mente. Temos a sensação de que em certos momentos não seremos levados a lugar algum, mas quando a porta da nossa consciência resolve se abrir, a verdade é escancarada e o nosso corpo se impõe sobre nosso destino, que vem imediatamente à cabeça, e então passamos a comandar o navio nas tempestades. Já não é chegada a hora de navegarmos para novos riachos e buscarmos o mar novamente? Chega de bocejarmos atitudes e não as realizar!

Temos medo, mas coragem também, e o que não podemos deixar é que camadas de ansiedades escondam e mantenham enterrada a nossa astúcia de nos arriscarmos e tentarmos algo novo. Temos receio, sim, e sabemos que o medo será inevitável, e que a insegurança estará presente, mas não devemos nunca esquecer que somos os arcos e as próprias flechas, e que podemos envergar e atirar ao mesmo tempo! Precisamos das nossas sementes que ficaram esquecidas para que agora germinem na terra dos nossos laços de entendimento para podermos desfrutá-las.

Não existem heróis, mas sim pessoas que ousaram seguir os seus mais nobres impulsos!

Deus assusta o mal para dar a oportunidade de as presas terem uma nova **chance...**

Meros

O gigante já caiu!

A pedra atirada foi certeira e trouxe abaixo a montanha antes intransponível!

A espada cortou a sua cabeça e não existe a menor possibilidade de se levantar!

E agora?

A luta chegou ao seu final e a surpresa é que a astúcia de Deus venceu o provável ganhador. Por acaso já percebeste que existe um oásis neste imenso deserto e que sua consciência se encontra suada de reflexões?

Consegues notar que o mel, quando ingerido pelo organismo, traz muitos benefícios à saúde do espírito?

A pedra do caminho permitiu que continuasse a sua trajetória, mas e agora? Já viste o mar com a extensão infinitamente maior que o próprio raciocínio e percebeste que existe algo a buscar que precisa de uma nova ênfase para ver o ângulo certo de antigas questões?

Já entendestes que o tamanho dos problemas não significa que a solução tem que ser tão grande para resolvê-los?

Notastes que a pedra era infinitamente menor que o tamanho do desafio, e que mesmo assim, trouxe o gigante ao chão?

Pois bem, na mente existe um botão que precisa ser acionado para disparar um míssil de flores que irá perfumar a sua vida e a sua estrada, deixando transparecer o tamanho da sua grandeza. Com esse simples ato certeiro, podes trazer benefícios para você e para outros que podem até se surpreender, pois não esperavam que você fosse capaz! Coloque a sua música preferida para ser tocada neste momento e abra as portas de seus ouvidos e veja a tamanha metamorfose que o seu subconsciente pode trazer ao seu consciente; agindo assim, deixará aflorar uma surpresa desejada aos seus olhos acostumados com a solidão e as tristezas...

Já podes ver e agora sentir a orquestra tocar as suas aspirações e preencher os seus sonhos com ideais de transformação?

Não se esqueça de que você sempre poderá voar pelo infinito de todos os seus sonhos que estavam escondidos... e vê-los planar ao seu redor. Já não somos mais as mesmas pessoas que choravam pelos cantos caladas, já somos capazes de sair de nós mesmos, e de vermos o que representamos neste contexto do cotidiano que consome as oportunidades de nos renovar.

Precisamos achar um espaço para florir as nossas melhores sementes mentais e nos vermos por dentro, e assim compormos um mapa interior que deixe claras nossas nuances, pois trazemos experiências internas suficientes para reflorestar o terreno, antes morto e sufocado pelos mesmos movimentos por anos.

Não podemos deixar que as chances de nos comprometer com o que de melhor existe dentro de cada um de nós se afogue...

Precisamos cultivar a nossa sementeira que é a parte que nos cabe neste mundo de florestas humanas, plantar em nós mesmos a esperança de dias melhores, pois, quando estivermos num campo de batalha, esses atos farão com que conquistemos um posto de observação e poderemos ver então as cabeças flamejantes de ódio, a nossa visão maior trará influências para os soldados que cumprem ordens de suicídio! Nesse momento, nós estaremos lá para salvar pensamentos que iriam se destruir, e ajudar na sobrevivência humana... A montanha não deve ser vencida pela força, mas sim pela iniciativa de lavrar as almas nas áreas designadas para uma recuperação, e eu sei que muitos não conseguem enxergar essa trilha que o mapa desenhado nas coronárias do espírito revela apesar das fontes de águas puras e cristalinas borbulharem o tempo todo. Para refrescar a sede da mente precisaríamos apenas de um gole, de uma fresta de Luz na escuridão para encher as reflexões diárias com um fervor tão grande que nunca mais iríamos dizer para nós mesmos que não conseguiremos realizar o que sonhamos. Com um gole apenas de Luz a nossa alma se sentirá refrigerada e o nosso peito irá poder trazer à tona todas as palavras que estavam guardadas nas cordas vocais do nosso cérebro, e então... vamos encarar esse gigante e usar a nossa experiência de aprendizes. Podemos ficar refletindo por horas, mas quando menos se esperar estaremos sentindo o vento em nossos ouvidos a soprar o calor dos raios do Sol, e nesse momento iremos voar como pássaros acostumados às alturas. Por ter visões que ultrapassaram fronteiras, nossos pés estarão no chão, mas a nossa mente explodirá em sonhos internos... e agora já podemos compor acordes com o pensamento vibrando nossas veias intuitivas, fazendo eclodir o instrumento interno que carregamos em nosso peito.

Precisamos deixar claro o nosso verdadeiro lugar neste mundo de troncos ocos!

Precisamos aprender a plantar e a cultivar na carne uma ciência invisível que traduza a supremacia sobre a matéria, pois mesmo que a pedra arremessada pela funda* fosse certeira, foi a Fé de Davi e o propósito de Deus em sua vida que o preparou para aquele momento. O direcionamento do sentir faz toda a diferença para a realização do intuito, e você precisa ter Fé e convicção para se preparar e caminhar pelas estradas árduas, onde o vento pode refrescar a sua fronte para que percebas que não estás só...

Somos **meros** coadjuvantes na busca por um lugar ao Sol!

---

* Funda - Arma de arremesso constituída por correia, ou corda dobrada, em cujo centro é colocado o objeto que deseja lançar.

Veio d'água

Obstáculos são barreiras que impedem a continuidade de algo que esteja acontecendo em nossas vidas, interrompem pensamentos que estavam planejados para a realização de alguma coisa importante, e quebram a corrente da vontade de fazer o que havíamos pensado em fazer, planos vão pela enxurrada afora! A floresta foi queimada e só restaram cadáveres escuros, cinzas espalhadas pelo espaço, onde se havia plantado sonhos de uma nova construção; parece que estávamos até prevendo, mas não conseguíamos parar para refletir um pouco; pode ser que, se fosse assim, o desastre não seria tão grande. O que nos resta agora é esperar que a chuva e o tempo refloresçam novamente os anseios de podermos sonhar mais uma vez. Os tormentos que acontecem podem nos redirecionar para um outro plano, nos desviando de tempestades piores ainda como o abortar de uma valiosa vida, então pode ser que essa nova direção seja a estrada que os pés precisavam trilhar evitando o pior. As mudanças podem inicialmente ser encaradas como problemas que nos afligem, mas à medida que o tempo passa iremos sentir o sabor do remédio amargo deixando no final um leve gosto de acerto! Não devemos nos enganar quanto aos olhos que a tudo veem e a tudo observam, pois somos constantemente acariciados na alma que transforma o bruto em alimento para ser repartido.

Choramos as lágrimas da meiguice por terem permanecido guardadas à espera do momento em que tudo torna...

Um dia a suavidade terá uma aparência de maturidade, então perceberemos que viver a superação dos obstáculos, por mais cruéis que sejam, era um degrau necessário para a nossa evolução pessoal. Nunca deixe de olhar para cima, mesmo que o poço esteja escuro e que se veja apenas uma leve pincelada de luminosidade, talvez seja nesse estado em que se encontra agora e que não tenha mais como descer, pois fique sabendo que é esse o momento de a argila ser bem amassada e espezinhada, batida e socada, lavada e preparada, para então ser transformada em um utensílio para o reverso, e como numa prova final, ser abrasada para testar sua força e manter o avesso solidificado.

Valores supérfluos devem ser queimados na alma e no corpo para que restem somente sementes prontas para germinar um novo recomeço...

Finalmente enxergamos a claridade tão almejada, pois a pedra atingiu em cheio a sombra e trouxe ao chão a impura insensatez, então os olhos puderam ver um novo ângulo nunca visto!

Seremos únicos pela vida inteira!

Sairmos com a sensibilidade apurada de uma situação difícil é como voltarmos à mesma casa em que um dia já residimos, e aí replantar todas as flores que fomos capazes de retirar dos vasos.

O mundo são os pensamentos que conseguimos compartilhar!

Nada pode ser tão sem utilidade quanto querer estar acima dos outros que desejam ver as estrelas das decisões corretas, pois estender as mãos é o gesto que caracteriza a angelical forma de dar o que se recebe. Atravessar o deserto e dividir a água do cantil para que a luta seja mais amena é a chance de vencer com um gosto de satisfação concluída, pois tudo gira em torno de um único **veio d'água**! A sua sede receberá a porção necessária para que o seu corpo continue a caminhar e possa vencer as adversidades, não se esqueça disso!

A pedra

Pedras precisam ser escolhidas por olhos acostumados a se ajoelharem na busca por soluções, para que os problemas não se transformem em gigantes que amedrontem a nossa capacidade de não enxergar além de consumistas e rotineiros dias que afogam na superfície da vida as iniciativas! A coragem não pode ficar guardada no bolso da insensatez, na caixa do medo que domina e paralisa os impulsos por realizações, no quarto solitário que não deixa a porta ser aberta para buscar os novos horizontes.

Temos receios de sermos vistos como pessoas diferentes, não se surpreenda, somos pessoas diferentes e únicas!

Não existe ninguém neste mundo que tenha a mesma digital espiritual que a sua, assim como a responsabilidade com o que sente e sonha; em suas ondas cerebrais, existe uma trajetória que ninguém mais possui.

Você precisa viver a intensidade de seus segredos como nunca viveu!

Ninguém terá as decepções que o seu interior captar e nem as lágrimas que sangram às suas sensações vindas do sentimento guardado, pois só o seu olhar interno sabe como vieram e em que momento irão fluir. Contudo, nos falta a audácia para atravessarmos a rua e vencermos os medos, talvez porque ao olharmos os carros produzidos em série, caminhando nas calçadas, parecemos meio fora do prumo para olhos que desejam construir conceitos novos. Podemos ser vistos com certo julgamento que não gostaríamos de sentir, mas, por outro lado, não devemos deixar de soltar a nossa pipa destinada a voar.

Abrir a porta da gaiola e ensinar o pássaro a viver fora do cativeiro, talvez seja essa a experiência que nos falte para darmos vida às nossas sementes hibernadas.

Precisamos manter acesa a iniciativa de regar a nossa prece interna, ter coragem de atender a essa polpa interior que traz uma missão extraordinária que é a obrigação de saborearmos os anos que teremos nesta Terra chamada RESGATE. Precisamos atirar uma pedra na indecisão para transformá-la no maior acontecimento de nossas vidas, que é viver plenamente os desenhos de nossos sonhos e as palavras ditas em nossas mentes.

Precisamos ser os portadores da funda que nada teme, e ter a força e a coragem necessária para que os problemas, antes sem saída e sem a menor chance de serem resolvidos, possam ser vencidos, e finalmente derrubar todas as barreiras que cegavam nossa pueril incoerência, pois vencer obstáculos é a justificativa de sermos dotados de estrelas! Deixar por muito tempo a fruta no pé é correr o risco de ela não ser apanhada a tempo de ser degustada, e não conter o sentir do real sabor de como seria a sua textura no momento exato da primeira mordida.

O sonho é a eletricidade que aciona a energia da mente, e que fornece o adubo necessário para que sementes possam germinar em campos antes inférteis.

Fios de pensamentos relampejam em nossos sentidos, que se transformam numa enorme corda para retirar do poço a nossa própria ignorância. Se enfrentarmos as nossas situações em gestação e tivermos coragem de assumir a paternidade dos nossos filhos mentais, seremos pessoas aptas a viver os anseios que rodeiam nossos pensamentos há muito tempo. Caminhar e parar frente ao inimigo e olhar direto em seus olhos são iniciativas que precisamos ter para vencer todos os medos que estão consumindo nossos planos de Vida.

Precisamos conquistar a liberdade de ver ao nosso redor o que os nossos olhos internos estão cansados de rever.

Vivermos as sensações de como seria se tivéssemos feito o que gostaríamos de fazer é imaginarmos que estamos bebendo água potável da fonte dos nossos sonhos, sentirmos a pureza do verde, mesmo estando vivendo entre concreto e asfalto.

Sempre pensamos em voar, mas podamos constantemente a imaginação das nossas asas sonhadoras...

Queremos atravessar nossas fronteiras, mas insistimos em viver por mais algum tempo nesta rotatória que tira a cada dia uma razão que nos leva a repensar se vale a pena caminhar. Precisamos nos comprometer com a verdade inegável que brota do nosso peito para atirarmos **a pedra** e derrubarmos o gigante que nos assombra!

Novo despertar

Os nossos olhos não podem sair por aí sem os sonhos, não podem se perder pelos bares e por amigos que deixam a nossa bússola redirecionada para outro caminho, tirando o pensamento primeiro que tanto desejávamos seguir.

Lutar é a única chance que teremos de colher as flores no jardim cultivado pelos nossos sonhos, por isso que refletir é a munição que deve estar sempre pronta para ser disparada todas as vezes que o sono da desilusão abordar o nosso olhar. Não podemos brincar com o som que emana de nossa mente; se isso ocorrer com muita frequência, brinquedos é o que seremos! Finalizar um pensamento e encontrar as devidas respostas é colocar mais uma moeda no cofre do futuro, da mesma forma como a Fé, que, mesmo do tamanho de um grão de mostarda, pode transpor e mover enormes obstáculos. Acredito que deva ser assim que devemos ver nosso tempo, como oportunidades de sempre recomeçarmos as velhas tentativas. Ter a mente sã é saber que hoje é mais um dia que temos para reviver sentimentos que estavam enterrados, aproveitar para amadurecer os nossos pensamentos e limparmos o olhar do julgamento. Não devemos permitir que, por muito tempo, infortúnios ceguem a nossa capacidade de abrir as janelas da nossa audácia, para que o Sol possa entrar e arejar a nossa poeira mental, trazendo claridade ao nosso interior, a LUCIDEZ DE ESPÍRITO, foi o que levou Davi a vencer...

Não deixarmos nunca de acreditar no improvável é aumentar a possibilidade de que o impossível possa ser alcançado! Você que me lê neste momento, nunca deixe que um novo dia não traga a possibilidade de um **novo despertar**!

Através delas

As palavras que precisam vir são aquelas que ainda não foram expostas, mas pensadas e repensadas muitas vezes. Eu sei que vivemos em dois mundos: o que gostaríamos que fosse e o que somos obrigados a caminhar; mas não se desespere, porque estamos aqui falando de um rapaz que venceu um gigante, isso não é incrível? Eu sei que conflitos vivem neste mundo diário, por saírem do nosso útero sonhador e se depararem com o insólito da frieza das almas terrenas, que podem congelar as possibilidades do nosso filho mental e sentimental caminhar. Não podemos permitir que esguios olhares julgadores arraigados costumeiramente aos vícios giratórios nos observem por muito tempo e tentem mudar nosso comportamento. Eu sei que se você pudesse enfiaria as mãos em seu peito e retiraria o coração para provar a sua inocência, eu sei que você é capaz disso, mas acontece que o céu não é mais visto pelos habitantes deste planeta, pois não conseguem enxergar o sangue da clemência do próximo escorrer em pedidos de dor pelo olhar que clama por compreensão. Existem pessoas que precisam encontrar alguém que as ouça e entenda o seu dilema; mas, por não acharem esse alguém, mantêm-se no silêncio que murmura ao seu interior que não é o momento para falar, e muitos sofrem calados sem ninguém para ouvir o seu desabafo. Por isso, sinto que em vão sangro os meus versos, apenas você que me lê pode sentir o conteúdo das palavras que este pobre escritor tece em seus sonhos, alimentando o possível acesso às mãos fechadas de pessoas que não querem abri-las para receber o novo, talvez porque não estejam prontas, ou talvez não ouçam o que você está lendo. Sentir o sabor da lágrima é encontrar uma conhecida umidade interna que demora em vir à tona, mas que agora você pode ver **através delas** o que meus olhos dizem!

A iniciativa

Mergulharmos nas impossibilidades é tornar possível que uma única chance possa vir a dar certo; é nadarmos em improváveis situações e esperar que o inesperado aconteça, talvez essa seja a forma de sermos banhados por um final promissor. Precisamos parar de ficar insistindo em revelar para os outros o que pensamos e sentimos na tentativa de tornar verdadeiros os nossos sonhos, como se precisássemos de uma autoafirmação para saber o que realmente queremos. Essa certeza precisa viver das estruturas construídas pela nossa coerência, e não por ideologias que retardam o avivamento de nossos impulsos inocentes, costurando a roupa do nosso espírito e limitando os desejos de realizações. A luta de que falo é a da própria atitude de mover o incômodo que nos atormenta, e se olharmos para dentro de cada um de nós encontraremos a semente que deseja nos transformar em pescadores de almas. Retirar alguém da sarjeta e poder transformar algumas impossibilidades em possibilidades é cultivar os ensinamentos que germinaram da fertilidade das palavras em nós mesmos por um futuro espiritual mais próspero. Para adquirirmos a capacidade de reflorestar as nossas degradações, necessitamos nos tornar terra, e para que possamos dar o primeiro passo é preciso sair da nossa normalidade e sermos alguém diferente, talvez assim venha a haver felicidade para a alma que deseja libertar-se! Eu, de minha parte, nunca fui muito bem compreendido mesmo, e acho que me transformei na mosca da minha própria sopa, e quem quiser provar as minhas palavras terá que aceitar que nasci há mais de dois mil anos, e que ser uma metamorfose é um convite a nunca deixarmos de acreditar que o impossível possa se realizar. Sempre será tempo de enfrentar o gigante que vive nas sombras dos nossos planos que não vingaram; portanto, tenhamos coragem de enfrentá-lo, **a inciativa** é a pedra!

O inconformismo gera expressões que o espírito em luta traduz, por isso não devemos aceitar questões que causam impurezas em nossa alma, mas sim buscar uma fresta de Luz para nos salvar da arrogância dos donos das verdades espumantes. Quando a pedra acerta o alvo, não é porque ela foi somente bem atirada, mas sim porque chegou a hora do luxo ir ao lixo e sentir o cheiro de suas próprias atitudes.

Sonhar é o alimento para quem não quer só conservantes!

Os ingênuos são os que contêm o adubo necessário para a transformação, assim como o menino Samuel quando ouviu a voz de DEUS!

O caminho

Quando a minha mente começa a compor versos de continuidade é porque estou precisando rebater as incertezas que novamente me invadem, apesar da constância da minha alma em buscar claridade.

Ao abrir os olhos, dando os primeiros tons de reflexão para mais uma manhã que ilumina o meu olhar que acaba de acordar, acredito ser essa a oportunidade que tenho todos os dias de evoluir.

Somos folhas se transformando em adubo orgânico para proteger as raízes das árvores da nossa Fé, para que se fortaleçam e deem sentido para estas dores que temos na luta por não cedermos às impurezas do mal que insiste em nos desviar do caminho. Somos flores ao Sol com insetos roendo nossas raízes, sugando os nossos nutrientes, mordendo o nosso corpo, e apesar de tudo isso que nos assola, devemos manter firmes os nossos propósitos e acreditar que venceremos ao fascínio de quem quer nos devorar; essa é a meta para quem deseja ter sorrisos na colheita. As incertezas, em vez de só nos deixarem confusos, podem num triz de lucidez abrir várias reflexões existenciais, nos fazendo checar os nossos rumos, e talvez aí esteja a chance de redescobrirmos nossa verdadeira conduta que se mantinha encoberta por uma nuvem espessa impedindo nossa evolução! Como numa janela fechada para nossa alma cega e sedenta por uma pitada de Luz, temperamos os nossos pensamentos com as flechas possíveis em espaços antes não sonhados, temos o mais importante de tudo, que é o radar que capta as vibrações do vento e traz para o nosso convívio a brisa fluídica que molha o nosso rosto sentimental. Podemos até não entender muito bem o que se passa com a gente, mas quando o nosso rosto se transforma para encenar um sorriso largo, com certeza é a leve e fresca sensação que o sopro úmido de bons pensamentos proporcionou. As nossas expressões faciais revelam o movimento interior que o vento produz, e eu tenho a impressão às vezes que esses são os melhores momentos da minha vida. Eu posso rir de mim mesmo e dos meus pensamentos, e depois de um labirinto de reflexões, encontrar o despertar em leves pingos de orvalho na face do meu cérebro. Caminho sem sair do lugar, estas viagens se transformam em verdadeiros devaneios que a minha ignorância reflete, e me sinto um pouco triste por ver a imensidão de tantas escolas de aprendizado que minha alma ainda não frequentou. Só isso já mostra o quão grande é a minha pequenez!

Sei que um dia vou poder pousar os meus olhos nestes quadros brancos escolares e aprender como escrever nas nuvens...

O vento invisível, quando enfurece, arranca gigantescos conceitos com a raiz e tudo, e o que se verá é a destruição da natureza humana ajoelhada em incessantes pedidos de clemência. Uma pequena pedra pode atingir o alvo no ponto mais fraco de sua estrutura e vir a cair, mas a reflexão continua a ser a arma mais poderosa; ela afasta e destrói inimigos, não importando o seu tamanho e a sua força. Esse é o instrumento para nos tornarmos semeadores! O que importa é não desperdiçarmos os pulsos sensoriais que nosso espírito revela, pois pode ser que num desses impulsos **o caminho** se revelará tão esperado e sonhado.

Nunca deixe de olhar para dentro de si, pois essa atitude pode transformar a forma de você ler sua mente. A imensidão do infinito espera navegar em você...

Imagine numa página em branco esta imagem...

Você está só, no deserto, com tormentas que assolam os seus mais antigos medos e incertezas, e, de repente, você olha à sua frente e vê um muro alto de enormes pedras retangulares, e ele está a poucos metros de você, e uma pequena pedra está na areia, no chão, ao seu lado direito, perto dos seus pés.

O que você pensa em fazer?

Encarar o medo e as aflições, reconhecendo as dificuldades que estão agora na porta da sua alma há muito tempo, ou continuar a fugir?

O que desejas fazer?

Deixar que os problemas continuem a girar sobre a tua cabeça em constantes tentativas ou mudar sua reflexão e atirar a pedra da salvação no alvo, dando um passo decisivo para reconstruir o seu futuro?

Tenha coragem de enfrentar o gigante que criaste nos momentos em que não foste capaz de enfrentá-lo, olhe para a sua vida agora com coragem e Amor...

Não se esqueça de que quem vos fala também tem o seu enorme muro, este livro é uma pedra sendo arremessada...

Como as dificuldades não deixarão de existir, o nosso espírito deve se tornar apto a superar os transtornos que nossos próprios erros causam, e não tenhamos dúvida de que a claridade da alma deixará florir em nosso peito o atalho para irmos ao encontro do tão sonhado caminho.

Não podemos mais nos dar por vencidos, devemos, sim, lembrar de que uma simples fresta de Luz na escuridão já pode alimentar o ambiente para mudar os nossos pensamentos ancorados nas fraquezas. Lutar é a melhor maneira de dizermos **NÃO** às colônias do mal que desejam apoderar-se do Império da Luz!

Vejo-te por aí

O mal atormenta os edifícios da Fé, pois insistimos em residir em pequenas cavernas com apenas uma fresta de Luz, mesmo que ainda busquemos no coração esperançoso uma residência maior que possa nos reconfortar por dentro com muitas glórias. A Luz é medida pela intensidade, e não pela quantidade, e devemos lembrar que uma árvore frondosa sempre veio de uma pequenina muda, e que com o tempo transformou as suas raízes em tentáculos a sugar o néctar da terra sobrevivendo às tempestades; precisamos testar a nossa verdadeira identidade de como desejamos ser! Somos botões com intenções de aperfeiçoar nossa conduta e nos tornarmos flores, essa é a razão pela qual vivemos, mas será que conseguiremos manter o mesmo intuito de quando éramos botões ou fugiremos do verdadeiro caminho? Quando assumimos responsabilidades e nos relacionamos com pessoas, devemos ter em mente que o nosso modo de ver as coisas incide diretamente em quem também navega em barcos que buscam águas conhecidas; nesse momento, as nossas palavras e gestos podem interferir na maneira como verão o mundo ainda em formação, como os óculos que fazem com que o usuário veja nas proporções dos graus que estão na lente, e não como o seu olhar enxerga verdadeiramente. Acredito que não existe tempo para que a roupa da carne possa ver a face do espírito, posso dizer que nada ceifará a colheita do Senhor quando desejar despir o incrédulo frente à ingenuidade que amadurece no seio da prece, pode ser que alguns nódulos se instalem na área cerebral do paciente, mas a Luz não encontrará barreira em arar a massa encefálica e transportá-la aos campos promissores de escolas específicas para mostrar como superar os desafios, e novamente voltar a crescer nos canteiros do cérebro.

Hoje vivemos uma época que já existiu!

Hoje temos as marcas que já existiram!

Hoje é o futuro que a semente germinou!

Se a fruta apodreceu no caule antes mesmo de amadurecer, e se perdeu na transformação, talvez seja a quantidade de agrotóxico cultural que absorveu enquanto progredia em sua metamorfose, intoxicando o fluido mental da sua semente! Por isso que sempre digo, somos responsáveis pelos ecos da nossa boca que exalam respostas que ainda não estavam devidamente apuradas para serem ditas! Pensativas e reflexivas devem ser todas as intenções de quem tem no coração a castanha como fruto da grande árvore da vida que vive nos céus, mas com as raízes na terra, e que semeia desígnios para quem ama os frutos da palavra.

A pedra no caminho nos faz beijar o chão para entendermos o significado da humildade!

Somos vistos por dentro, e não pelas vestes do corpo quando olhamos no espelho; devemos ver o semblante dos nossos olhos, e não apenas o designer das joias, porque as palavras são as vestes do espírito e as cores são os teores das ideias, as joias são e sempre serão somente aparências! Um dia o mar poderá invadir as nascentes de água doce apesar das intenções dos agricultores em sempre semear, um dia o óbvio poderá ser surpreendido pelo inesperado.

Nossos olhos são as telas do computador central que carregamos no peito, e digitar as palavras na intenção de abrir uma janela em nossa alma é uma forma de semear, agricultor é o que sou, porque arar a terra e plantar a semente na alma é minha sina... Eu não posso dizer o que você deve fazer ou não fazer com sua afloração, apenas que: viver o que já foi dito pelo Pastor que semeou as suas palavras por entre as ovelhas é fazer valer a oportunidade de estar respirando o ar que os pulmões insistem em manter vivo o organismo fluídico no seu peito. Vamos nos encontrar um dia, com certeza, pois escrevo neste livro a cada dia as palavras vivas que serão lidas por você que não possui só olhos, mas também ouvidos! Vamos nos olhar um dia, pode ter certeza de que minhas palavras sairão voando dos meus olhos para os seus, e você sentirá que não carrego o fardo de guardar rancores e que a minha ira se esvaziou, e você ouvirá as minhas palavras no silêncio da sua alma...

Sua mente interpretará sentidos!

Vejo-te por aí...

Solo fértil

Novamente busco a felicidade, essa palavra tão fácil de ser dita e escrita, mas para o espírito é uma luta infinita para sentir as benesses que esse sentimento pode trazer. Às vezes nos encontramos travados por pequenas atitudes que nos ajudariam a realizar o intuito que sempre sonhamos, mas acontece que não conseguimos em todos os momentos olhar o infinito das coisas, apesar do céu estar nos olhando todos os dias. Estamos sob os seus auspícios e os nossos olhos murmuram palavras silenciosas quando o contemplamos! O Amor sempre vencerá e sempre terá o seu esplendor longe do olhar calculista do homem, que poderia muito bem se juntar ao brilho e se transformar em algo útil para os planos superiores que governam os assuntos, mas para isso acontecer ele teria que descer do seu trono de racionalidade. Somos meras peças neste tabuleiro chamado Vida, temos que sentir a direção e caminhar para fora do labirinto às vezes, e ter o prazer de viver com esperança nos olhos. As pedras são simbólicas, mas a dor não! Somos sangrados todos os dias por dificuldades que se transformam em muralhas imensas por não sabermos como nos defender, precisamos da coragem para agir e derrubar o monstro psicológico que assusta os nossos bons pensamentos que estão em formação. Temos excelentes ideias de como deixar o nosso dia a dia mais iluminado, e as reflexões nos ajudariam a encontrar o caminho que queremos trilhar, mas de repente achamos que o melhor é irmos por outro lado, e é lógico que temos a escolha para encontrar o caminho, mas, às vezes, temos relâmpagos de energia vindos do espaço e deixamos escapulir por entre os departamentos do nosso cérebro, e pronto, escolhemos o caminho errado!

Será que conseguiremos unir novamente este momento mágico?

O mundo gira e podemos estar neste círculo sem o conteúdo que brota do nosso espírito, e se faz necessário carregarmos o que de melhor temos para que nos instantes das decisões abramos o peito e deixemos fluir a cor que o tempo amadureceu, e assumamos a decisão difícil perante as dificuldades; se faz necessário que a pedra vá de encontro com a testa dos problemas para nos deliciarmos com o sabor da manifestação de um acerto. Aperta o coração, as lágrimas rolam, e meu coração mais uma vez se vê diante de decisões, tenho que ser corajoso e plantar meus intuitos no chão da realidade que me assombra, não posso errar, tenho que ser certeiro, eu não sei se terei uma nova chance, o inimigo deve se curvar...

A Luz que sinto dentro de mim ilumina as palavras que minhas mãos tecem, e sinto que o momento é chegado, as sementes devem ser plantadas em **solo fértil**... você que me ouve... é o solo!

Não se engane sobre o que vou te revelar agora... Toda pessoa que tenta levantar a "Bandeira da Paz" e refletir os seus anseios para se tornar uma pessoa melhor a cada dia, mais compreensiva com os outros, olhar o próximo como uma tela a ser preenchida com Fé e Amor, e que não se vê acima de ninguém e que respeita as diferenças; essa pessoa será tentada de todas as formas para desistir, para mudar a maneira de ver, e será perseguida por cultivar bons sentimentos. Lembre-se de que o mal não deseja que você vença; portanto, a sua atenção deve ser redobrada quanto aos impulsos que às vezes rodopiam a sua mente em certas situações; ao perceber que você saiu do eixo, tente voltar o mais rápido possível, para que não fique por mais tempo exposta às suas fraquezas. Munir-se da oração aos pés de Jesus é voltar a sentir o conforto que antes sentia, como num reforço para poder caminhar...

Não se esqueça disso!

Escrevo sempre na tentativa de trazer para fora o que permanece escondido dentro de mim, basta um simples fio do pensar para que as mãos se acheguem ao teclado ou ao papel, e a manifestação do intuito se apresenta, discorrendo palavras que vibram em mim, portanto, devemos olhar para dentro de nós e perceber que é isso o que somos!

Somos o que somos por dentro, pois por fora muita coisa que acontece não condiz com o que realmente gostaríamos que acontecesse de verdade!

Temos que ter força e coragem para gritar bem alto para este gigante que quer que valorizemos mais o espetáculo exterior, e é difícil recuperar a busca dos pontos frágeis e colocá-los para salgar na reflexão imparcial sobre nós, fazendo um julgamento próprio; portanto, saber o momento de dizer sim ou dizer não se faz crucial para dar os passos na direção da reconstrução de uma vida sensata. Nada é fácil, mas não se amedronte perante as dificuldades, tenha sempre em mente que você não está só, estamos conversando agora, certo? Sou um amigo à distância que sente que você pode ser muito mais do que hoje você é na sua vida, mas a verdade é que para saber se a comida está pronta só tem um jeito, levantar a tampa e provar...

Ao amanhecer

Chegou o momento de colocar em prática o que há tempos venho semeando, deixar escorrer o mel das palavras ditas com o sentimento de doação. Já é época de observar o que foi plantado e suado no cultivo da terra interna, chorado muito em vários e vários momentos na lavoura das dores que meu sentir pulsou, eu quero poder agora caminhar entre as eiras dos campos tão sonhados... O pássaro saiu da gaiola do sofrimento e alçou voo, e já consegue viajar até as estrelas, e suas Luzes naturais brilham em minhas mãos calejadas de lavrar as letras para expressar o conteúdo do meu sentir.

Agricultor da minha roça de pensamentos e sentimentos é o que sou!

Vejo nos balaios esparramados pelo dorso da terra meus ideais, e no meu rosto não vejo mais os olhos alucinados por uma busca incessante. Acredito que a persistência e o esforço de permanecer fiel ao que creio me deixaram um pouco maduro na forma de cultivar as mensagens, fluem em minha mente as sementes das horas de esforço e dedicação em transpor barreiras. Foi preciso mergulhar dentro de mim para buscar o sentimento mais puro, e assim plantá-lo nas folhas dos meus livros para chegar até você. Sou alguém que precisou sofrer muito para compreender o que a vida havia me dado, eu precisei amassar o diabo para poder comer o pão da luta e saborear a lucidez da minha alma. Sei que o caminho é longo e preciso me esforçar para continuar a comungar meus sentimentos e pensamentos, mas agora a cortina se abriu e mal posso esperar a hora de viver em plenitude. A dor parece que foi amansada por um cavaleiro que conhece muito bem o sofrimento do animal que desejava vencer nas competições dos páreos da vida real. Vou correr em busca da vitória através do semblante manso do "Amigo das Horas Incertas"!

Amadurecer... talvez seja encontrar um lugar para repousar e aliviar as dores da carga sentimental do instrumento, e eu sei que as marcas continuarão a existir, mas não irão mais ferir, e sim iluminar!

Hoje eu ouço as mesmas músicas que fizeram escorrer dos meus olhos as infindáveis lágrimas soluçantes que me deixavam preocupado com o aperto do meu rosto, que se contorcia em dores escrevendo as manifestações de meus sentimentos e de meus pensamentos que aturdiam meus sentidos.

Teleguiado por ondas que me mostravam como sobreviver pelos caminhos das pedras, vou sobrevivendo aos machucados, e sem jeito de colher e não se calejar eu senti os passos no ardor do Sol a queimar minha cabeça constante e pensante. Penso em deixar que os acontecimentos venham, pois acredito que eles me mostrarão as pegadas na areia, e para seguir basta que feche os olhos e veja claramente o rosto no semblante do Pastor que junto a mim caminha na praia. Pretendo não deixar se apoderarem do meu coração sensações que podem me tirar do rumo a seguir, as flores no jardim da minha consciência devem ser regadas sempre, só assim conseguirei sobreviver aos maus tempos e vencer as tempestades existenciais que virão. Saindo de um terremoto é o que sinto neste momento, como se eu estivesse caminhado no deserto por anos a fio e sofrido todas as tentações para que me perdesse em oásis de vícios preparados como armadilhas para desvirtuar a minha alma sedenta por Amor e compreensão, mas persistir na comunhão dos sentimentos foi o caminho para superar as minhas dores e não deixar ser vencido por forças que são fortes e poderosas, mas que sucumbem quando a pedra guiada pelo coração acerta o centro dessa batalha entre o bem e o mal. Todos nós vivemos com os pés no asfalto quente, mas o vento vem sempre refrigerar os nossos sentimentos e pensamentos e não nos deixa indecisos de qual caminho devemos seguir. A indecisão acontece quando a flor não fortalece as suas raízes, mas a persistência no pulsar dos sentimentos regará com gotas de harmonia as conclusões que enxergarão a "Cruz da Salvação". Hoje vejo que toda atitude que caminha em direção ao Sol da nossa razão emocional viverá para contar o tempo que viveu aqui na terra, e eu de minha parte sou como a noite que aspira **ao amanhecer** uma nova aurora cheia de esperança para os que ainda não despertaram...

Existem muitos caminhos para seguir, mas só um contém o ângulo certo, a velocidade correta, a força calculada para acertar o alvo e derrubá-lo ao chão, porque essa força que induz os rumos certos é a mesma que planeja a ressurreição da conquista!

Material reciclado

Somos peregrinos da Luz que sorri aos céus dos pensamentos que amanhecem na porta da nossa consciência, almejando sentir o reconhecimento, olhamos para dentro da nascente e notamos a clemência dos nossos sentidos a convergir em um único nome. As muralhas podem ser muitas, os templos também, mas tudo pode ser destruído e reconstruído em três dias ou três segundos; feche os olhos e veja o pedreiro trabalhando na obra principal do seu reino!

Somos o barro que servirá de material para a construção imortal do sentido que cobrirá os olhos com a mansidão do momento, e não podemos deixar de nos oferecer em uma obra maior que a nossa própria existência; esse sentido é a filosofia que perdura por séculos! Somos os reservatórios de água que podem matar a sede dos oprimidos e alimentar a fome dos famintos que sangram pelo desvio de personalidade dos que não comungam pelo mesmo sentido, porque as veias das suas cabeças e dos seus corações agem como se fossem cegos de nascença sem buscar cura espiritual para seus males, eu sei que podem ser salvos, já vi isso acontecer! Somos todos anjos na busca por asas que possam nos suspender aos ares, dependendo do peso dos nossos erros será a altura que conseguiremos voar. Precisamos deixar escorrer o fel dos sentimentos e abraçar os inimigos, perdoar suas acusações, isso é o que elevará nossos voos... O som de nossa voz e a entonação com que são proferidas as palavras deixam estampadas nossas intenções, mesmo que tenham sido ditas em momentos mansos de ternura ou em situações de autoajuda e orações aos céus, a intenção ecoa no tom de como são ditas e de como saíram do nosso peito pensante, se claras ou neblinadas. Existem apenas duas maneiras de saber se a fruta que está na cesta é mesmo de boa procedência; uma é olhando sua cor e as suas manchas; a outra é mordendo-a para verificar o seu conteúdo; e não se esqueça de que somos provados a todo instante. Com certeza não acharemos o paladar tão doce das muitas vezes que somos vistos por dentro; portanto, dispor dos males que corroem o nosso espírito é a única forma de mudar o sabor dos nossos sentimentos.

Somos instrumentos na construção da nossa própria moradia!

O **material reciclado** é menos poluente...

Constante

Precisamos ser salvos desta guerra que corrompe os botões ainda em formação e os transformam em escravos de seus próprios atos, aterrorizando a essência humana. Vermes oportunistas em suas luxuosas cadeiras amedrontam o cultivo familiar da nova geração e prolifera um ambiente que empobrece a esquelética população, enquanto a maturação do poder constrói grandes viadutos que levam às teorias políticas que corrompem a dignidade deste país!

Não se deixe influenciar por discursos que plantam correntes frívolas aos corações que acreditam em palavras de esperança ditas por quem está desprovido delas, são palavras de areia, na primeira onda se desmancham ou mudam de coerência. Tangem os limites de quem luta para não se manter na realidade de tristeza e descontentamento, pois somos as próprias pedras em nossos caminhos, precisamos ter maturidade suficiente para não as deixar onde estão. Reunirmos todas as forças é o caminho para nos transformar em guerreiros de nossas próprias causas, pois lutar e não se entregar é para quem deseja olhar as estrelas e sentir o corpo arrepiar de tanto poder a circular pelo universo. Não podemos negar que somos responsáveis pelas situações que nos apertam, e como não somos capazes de reparar a nossa conduta no passado, choramos no presente, e, apesar de tudo, esse poder ainda nos dá de bandeja o reflexo das atitudes anteriores para que possamos desabrochar do nosso psicológico a direção neste tempo que nos resta.

Precisamos entender que o pensamento é a boia que salva o náufrago que vaga por águas que salgam a pele da sua consciência, e se estamos ainda na praia de alguma ilha é porque deixamos de construir alicerces reflexivos que nos salvariam de uma vida medíocre e escrava.

Liberdade é o que queremos; nada mais!

Derrubarmos ao chão quem destrói árvores e sangrarmos corpos gelados misturando açúcar ao caldo azedo, transformando-os em vitaminas os fluidos dos sonhos que almejamos, mesmo que às vezes não pareça. Não podemos ter medo desta força que nos impede de continuarmos a ter esperanças e nos manter firmes, devemos escolher por viver, atirarmos a pedra no que nos amedronta. Queremos continuar a existir dentro de um espaço onde possam pulsar nossos anseios, precisamos ser persistentes e não deixar que uma enxurrada de palpites ofusque a visão que temos sobre nós mesmos. A vitória é o reflexo das situações vencidas no dia a dia, e a pedra no caminho pode ser a salvação que precisávamos para poder entender por onde é que teremos que trilhar por esta vida. Ser otimista quando nada sopra a seu favor é a diferença de quem deseja continuar a navegar, precisamos dizer para nós mesmos que iremos nos transformar nas próprias velas do nosso destino para flutuarmos na densa camada em busca de nossa sobrevivência, e não se enganem, adquirimos experiência quando não nos deixamos entregar.

Replantar quando se perde tudo é a crença de que a luta faz parte da nossa **constante** germinação em busca de um futuro promissor.

Contemplar

O passarinho tentou e tentou até conseguir quebrar a casca da sua residência temporária, encheu os seus pulmões de ar e já começou a piar.

Os pais começam a buscar comida e a protegê-lo da chuva e do Sol numa frenética ida e volta ao ninho, trazendo alimento para nutrir o querido filhote.

O tempo passa e as suas asas começam a empenar, e os seus pais o protegem com a vida, não deixam nada faltar, para que a sua cria cresça forte e saudável, e é o que acontece!

Começa a treinar batendo as asas e chegando a levitar por uns instantes, seu tamanho já *está* quase da altura dos seus pais, *e mais um pouco já poderá alçar seu primeiro voo, é assim que me sinto...*

Você não me conhece ainda, mas espero que possamos realizar verdadeiras revoadas de sentimentos e um dia nos conhecermos melhor, e por mais que o tempo tenha passado, procuro sempre manter o sentir arraigado às lembranças embrionárias que me fazem exercitar as minhas asas sonhadoras.

Vou caminhar pelo caminho que um dia imaginei caminhar...

Espero que consiga vencer os obstáculos, pois investi muito cuidando para que não me desviasse do rumo a seguir, e agora não posso decepcionar os meus sentimentos, preciso conseguir colocar os meus livros frente aos seus olhos para que sinta o que trago no peito. Preciso que você me compreenda e não me julgue por colocar para fora e berrar as minhas inspirações, para que possas sentir o alimento que cultivei por todo este período, preciso de você para que eu não me esqueça! Caminhamos juntos agora que já saímos do ninho, nos tornamos mais fortes em nossos ideais e não ficamos mais na beirada da vida. Precisamos colocar os pés na areia da praia e **contemplar** o mar das nossas vidas...

Visualize nesta página uma imagem de alguém frente a uma praia olhando para o mar, e as ondas estão chegando até aos seus pés...

Você consegue entender o que estou tentando dizer?

O que quero te falar é que, apesar de tudo, o que está neste momento acontecendo na sua vida você não pode se esquecer de que há um mar de esperança em você, e que as suas ondas podem te alcançar mesmo que não estejas em uma praia realmente!

Dentro de você existe uma funda capaz de vencer os maiores obstáculos, não hesite em usá-la!

Podemos até nos sentir filhotes de vez em quando, mas não podemos mais recuar, só nos resta agora seguir...

Choramos muito para chegar até aqui, e agora temos a oportunidade de recolher o que plantamos em diversos solos, agora vamos nos levantar e seguir...

Dói saber

Dói saber que enquanto escrevo muitas árvores estão sendo derrubadas em benefício do maior predador que este planeta já possuiu. Tal habitante errante, com sonhos tão concretos, não vê que a verdadeira vida é fluídica de sentimentos e pensamentos, e que essa mesma vida espera que o seu maior tesouro não destrua a própria casa em que reside e pense nas gerações que virão!

Parece que não! Não é assim que pensa este homem sobre o que está ao seu redor, pois destruir em seu próprio interesse é o que mais lhe agrada, e isso satisfaz sua voracidade. Somos as sementes neste solo infindável de novos brotos. Se ceifarmos as possibilidades da continuidade de novos frutos será um crime contra a própria natureza criadora. Quem sabe e exerce cargos em que poderia mudar essa situação é tão criminoso quanto o destruidor!

Dói saber que, neste momento, as moradias dos pássaros e de muitos animais estão indo ao chão, numa frenética loucura humana de trazer para si o poder de solucionar problemas que envolvem vidas que não foram criadas por suas mãos sujas de sangue verde das matas e das florestas devastadas.

Dói saber que pássaros e animais perdem os seus filhotes que não conseguem voar ou correr para se salvarem, eu posso ouvir seus piados e seus rosnares tristes, pois a derrocada ambiental continua todos os dias, todas as horas, todos os minutos, todos os segundos...

Dói saber que muitas vidas que lutam pela preservação e moram nas matas e florestas estão sendo mortas pelas próprias mãos da injustiça, e que apesar de tudo isso o homem se diz inteligente e possuidor de psíquicas forças que o tornam um ser diferente de todos os outros animais deste planeta.

Dói saber que o futuro das matas, das florestas, dos rios e dos mares está nas mãos de pessoas que não sabem nem o que estão fazendo, e inúmeras décadas serão necessárias para que seja replantado tudo o que destruíram, num resgate contínuo de dor e sofrimento por afetarem diretamente e indiretamente tantos seres vivos.

Dói saber que o progresso chegou ao ponto de destruir almas desnutridas, e também de sufocar o ar que alimenta a vida que pulsa em busca de esperança.

Sei que não sou mais que você que me lê neste momento, as minhas forças não são capazes de fazer parar toda a destruição, mas falo aos políticos e ao presidente deste país que têm pleno conhecimento do que está se passando!

Um dia...

O homem não tem ciência do que é viver em paz, muitos pensam que, só porque em seu país não existe guerra, estão livres das dores que os céus sentem e das lágrimas que escorrem da face do Criador, pois ao olhar o planeta fica difícil reconhecer o ser a quem foi dada a vida para cultivar e arar a terra da concórdia. Os homens não conseguem sentir o Amor que emana do Príncipe da Luz, acham que meros devaneios de sentimentos próprios de Fé podem alcançar o oráculo do sentido que é de sentir o brilho de seus raios. Somos lavradores de sulcos da nossa própria ignorância, e eu por estar julgando talvez cometa o maior dos erros, que é não agir e ficar apenas escrevendo como se fosse conseguir alguma mudança. Percebo que as minhas palavras são dissolvidas por pequenos movimentos da maré, talvez por não estar concretamente vivendo-as, dando vida às palavras invisíveis que minha mente capta na temperatura sensível dos sentimentos.

Tento plantar algumas sementes neste árido e amplo campo de ideias, creio que vou fazê-las crescer, vou tentar ser mais útil para as possíveis mudanças que devam nascer...

Vou tentar andar na direção do meu sentido!

Vou tentar ir no rumo dos raios!

Vou tentar a vitória para minha lucidez e estancar a sede de vencer obstáculos da minha pobreza de espírito, caminhar da margem para o centro. Acho que assim vou sentir mais verdade nos pés quando pisar o chão antes impossível...

Vou tentar não decepcionar a missão pela qual abençoaram a minha vida, tirando-me das garras do fétido para as nuvens dos caminhos do resgate das minhas existências, convergindo nesta de agora. O verdadeiro sentido de estar aqui escrevendo é para que você possa me ler e que não se decepcione comigo, pois não sou tão forte assim, a minha vontade é de acertar os instrumentos psíquicos de navegação; pequeno é o que sou!

Minhas palavras são como algumas pequenas flores que ficam nas margens do pântano gritando por cores...

Hoje posso ver e sentir que minha luta depois de tanto tempo está apenas começando, e eu que pensava que já estava mais que no meio da estrada em direção ao pote das cores do arco-íris. Hoje estou só apenas começando a pôr os pés no pó do meu destino...

O alvejante fluídico que me foi dado alertou minha mente de que sou um verdadeiro caule, mas com algumas possibilidades de surgimentos de brotos novos para este velho olhar. Agora que já disse tudo sobre mim, espero que você que me lê neste momento olhe para si e veja a revista com as suas fotos impressas nas páginas da sua história. Espero que as remova para começar a transformação que trará vida aos seus pensamentos que até agora estiveram na superfície do mar dos teus olhos, espero que veja as oportunidades! Quem sabe não podemos fazer uma troca, você chora as minhas dores e eu choro as suas, e depois vamos dizer um para o outro qual delas é mais densa?

O que você acha?

Com certeza cada um irá ficar com as suas, pois não podemos transferir impressões de várias vidas acumuladas através do tempo...

Um dia iremos dar as mãos e lembrar deste momento!

Contato imediato

Agora é o momento de enxugarmos as lágrimas que limparam os nossos olhos para vermos a verdade. Não podemos continuar a nos enganar e viver como estrangeiros sem conhecermos o interior dos nossos defeitos, e não sabermos cada nota da nossa canção interior. Cuidamos às vezes apenas da maquiagem e escondemos o que os nossos lábios internos dizem. Acreditar na Luz que emana de ser cristão em uma época de poucos tons e vozes é entoar uma decisão que despe as roupas exteriores, acredito ser esse o caminho para fazermos do choro o conforto para a nossa alma. Temos que acertar para sintonizar as nossas vozes e falarmos em silêncio o que desejamos, sem darmos margem para que os pensamentos se desvirtuem do que realmente acreditamos e queremos, e assim tomarmos um gole de água cristalina da nossa memória sensorial. Não devemos pensar que tudo está solitário, pois somos apenas alguém no meio de uma multidão de seres que olham o nosso conteúdo de acordo com as ações que são geradas. Somos vitrines humanas num mundo completamente invisível aos nossos olhos, e sempre teremos companhia interna! Abram os braços para receber a energia destas estrelas imortais que só querem iluminar a nossa noite e cavalgar em nossos sentimentos, abrindo as janelas da nossa alma e clareando este momento. Agora que estamos à mercê desta melodia de palavras só nos resta fechar os olhos e deixarmos fluir do coração os raios da compreensão.

Somos um!

Quando acordarmos vamos precisar manter este clima de paz, para que as pessoas que nos olhem possam perceber que algo de bom está acontecendo em nossas vidas, pois irradiamos o que o nosso interior produziu. Estes pequenos momentos podem se transformar em instrumentos que irão derrubar o gigante da nossa dor, pois temos que dar a volta por cima dos tropeços e valorizar os nossos momentos, deixarmos de ser mendigos da nossa própria incapacidade de assimilarmos o que temos de melhor.

Os reflexos de realidade podem fazer a diferença de estarmos vivendo nas ruas solitárias ou em sociedade e diálogos!

Esconder, manter, manipular, não deixar que nossas fraquezas apareçam é como dormirmos nas calçadas da desesperança e nas noites frias da solidão, mas resgatar a nossa confiança e tirar da rua da amargura nossas qualidades é darmos a chance de reconstruirmos mais uma vez a nossa morada.

A reflexão sobre nós mesmos, com certeza, são passos na escada da nossa própria salvação...

Conhecer quem somos é o único caminho que nos leva a ver o sentido que rege a beleza que se manifesta quando dores choram lágrimas de sabedoria. Esse exercício revela no presente o que estava esperando para ser aberto e descoberto, iluminando a vida de uma vez por todas. Temos a capacidade de entendermos o nosso interior, e é só assim que descobriremos que nunca estivemos em nenhum único momento sozinhos! Darmos uma chance para nos redescobrirmos, talvez seja o **contato imediato** que precisamos ter com esta Luz que trazemos dentro de cada um de nós, e que é infinita...

Sonhos de reconstrução

A voz diz o que os ouvidos não querem ouvir, expressa o que o organismo fluídico não deseja comungar; mesmo assim, somos impelidos a caminhar pela vida que ensina...

Aqueles que perseveram nos bons sentimentos serão os que irão colher os raios de um novo amanhecer...

Hoje podemos não entender muitas palavras que ouvimos, mas no momento em que o Sol beijar o chão é que entenderemos que olhar o mundo com uma visão úmida será como dizer que há esperança para os que tropeçam pelas estradas áridas. À medida que as emoções aquecem no calor da verdade, elas viajam ao nosso encontro, porque quando formos perguntados sobre o que fizemos com o planador preso em nossos corpos, teremos que mostrar os nossos voos enriquecedores. Nossa história não pode se perder no tempo, temos que marcar presença nesta terra bruta chamada "Caminhada"! Somos tropeiros de um grande rebanho, e o que conduzimos são as nossas qualidades e os nossos defeitos, se faz necessário que durante essa viagem sejam sacrificados os velhos e conhecidos costumes arraigados ao espírito para deixar que a boiada das nossas melhores sensações sobreviva às intempéries da extrema vida de desafios contrastantes. Temos que matar o maior de nossos defeitos e jogá-lo ao rio das piranhas insaciáveis por nosso sangue fluídico, que se embebem dos nossos erros cascorentos: O EGOÍSMO!

Já é hora de derrubarmos ao solo este monstro maléfico que habita nas profundezas do nosso interior, que é o responsável por inúmeras vidas perdidas por todos os tempos. Nossas vestes internas serão purificadas e nunca mais irão destruir lares e nem deixar loucas as pessoas indefesas em momentos de fraqueza, por estarem possuídas por esse extirpador de benefícios avassaladores para muitas consciências. Hoje o mal conhecerá a fúria do céu e irá cair ao chão, só porque você que me ouve decidiu pôr um ponto final nessas questões de sofrimentos constantes e olhar o céu que clama pela sua atenção. A infinita sabedoria de Deus precisa de aliados para poder completar a sua tarefa, e deu a nós o cálice da nova esperança para que todos possam beber deste líquido precioso que salva e cura todas as feridas da alma, onde estão as palavras que Jesus deixou como norte para nós peregrinos do seu Amor e dos seus ensinamentos. Quando a mente do homem convergir para um único plano de ação, nada poderá impedir que bênçãos sejam derramadas em nossas cabeças, alimentando **sonhos de reconstrução** de uma sólida "Humanidade de Valores"!

Só ida

A hora é chegada e não dá mais para deixar de lado as palavras que o espírito disse à membrana da nossa alma, o compromisso deve ser o mais puro possível até ficarmos translúcidos, para não haver jeito de mentir e nem de se iludir. As ilusões e as dúvidas serão extirpadas dos nossos olhos e não mais iremos precisar de roupas, nossos corpos serão as imagens das nossas consciências, e a claridade será contínua! Nunca mais teremos sede e nem fome, e à medida que nos adaptarmos ao ambiente, os nossos pés sairão do chão e poderemos viajar em um piscar de olhos. Seremos agricultores de almas que precisam ser cultivadas em solos ricos de carinho e de afeto enriquecidos com um singelo olhar de cooperação e de cuidados especiais, para que o broto, antes murcho pelas asperezas do tempo, possa se transformar em uma árvore de frutos sadios, ou em flores que irão colorir e enfeitar os canteiros das residências. Hoje, depois de tanta luta, é que podemos perceber que os choros foram necessários para retirar do nosso interior as mágoas que estavam encharcando os nossos sentimentos e os nossos pensamentos. Pelo nosso rosto escorreram as lágrimas de toda a dor represada pelo que deixamos nos afetar, e que pela nossa ignorância não as víamos, mas agora temos tempo para caminhar na praia da nossa história e refazermos as atitudes erradas que tivemos no passado, e só de pulsar a oportunidade de um dia sermos livres já nos contagiamos! Pois bem, o vento encosta-se em meu rosto agora, e fala de todas as viagens que faremos pelo espaço invisível da mente, acredite, teremos ainda inúmeros encontros emocionantes que valerão a nossa existência... Este é o momento que você tanto esperou por toda a sua vida, e esta é a hora, o sinal está claro de que algo está próximo de acontecer, e que irá preencher todas as esperanças antigas e confusas, e que agora serão todas colocadas na mesa da sua consciência para que saboreie as tantas e tantas emoções que pulsaram neste velho coração. Não existe mais a mínima possibilidade de voltar, pois não há volta, **só ida**, e esse é o destino de todos que vivem neste planeta chamado R E S G A T E!

Seja

Hoje, depois de tanto tempo tentando me compreender, posso sentir que a liberdade é uma concepção de vida que pode amedrontar os que permanecem nos desejos de realizarem algo. A flor precisa de um jardineiro para que seu esplendor seja maior, cultive as flores que carregas em si. A vida é uma fronteira que teremos de atravessar para vermos o que de mais belo existe do outro lado, e a iniciativa deve ser de quem tenha um utensílio capaz de reluzir a expressão da humildade. Você é um caminhante dessa jornada, lembre-se de que a liberdade só existe quando nos controlamos perante a verdade do próximo... A saída para um impasse existencial é a reflexão, por mais doída que seja a situação, mesmo que nos encontremos sem muitas opções às vezes. Você que me lê neste momento, seja alguém capaz de avaliar pensamentos sem se deixar ser corrompido por uma cultura de vantagens, olhe para você e veja que há uma Luz em seu interior que deseja que você **seja...**

Enfim

A correnteza das dores pode levar você a uma esquina e você terá de optar para onde ir. Olhe para dentro de você e sinta a direção, pode ser que vá se deparar muitas e muitas vezes com a mesma situação, mas a fórmula é uma só, é preciso que saiba que a sua forma de pensar é que te levará ao alcance de oportunidades reais, por isso se faz necessário que entenda que viver é uma contínua busca. Talvez eu tenha ajudado, caro leitor e leitora, mas saiba que também estou neste caminho. **Enfim**, só de saber que meu livro possa ser lido por você, já não me sinto tão só!

Caminhemos juntos...

Davi não sabia que iria vencer o "Gigante", mas a sua confiança selaria o resultado, esse é o exemplo de força que devemos compor em cada um de nós...

A PEDRA não era capaz de resolver, mas somente se atingisse o ponto certo, então, veja se as suas atitudes precisam ser redirecionadas, veja de forma diferente o que parece tão rotineiro e igual, olhe para as questões da sua vida com olhos de confiança.

Eu, de minha parte, fico imaginado como Davi olhou para o imenso problema que estava à sua frente, e continuou a caminhar...

Sabemos que a Fé que ele possuía no Criador fez toda a diferença, e não o fez recuar.

Portanto, não se desvirtue do seu objetivo!

FIM